신명기

황원찬 지음

하나님의 사람을 **엘맨**
만들어 가는 ELMAN

신명기

초판1쇄   2024년 2월 25일
지은이   황원찬
펴낸이   이규종
펴낸곳   엘맨출판사
등록번호   제13-1562호(1985.10.29.)
등록된곳   서울시 마포구 토정로 222
           한국출판콘텐츠센터 422-3
전화   (02) 323-4060, 6401-7004
팩스   (02) 323-6416
이메일   elman1985@hanmail.net
           www.elman.kr

ISBN   978-89-5515-752-9   03230

값 12,000 원

Deuteronomy

머리말

신명기 설교를 섬기는 화양동교회 삼일예배시 요약설교를 했습니다. 오래전 중학교 2학년때입니다.

친구 몇몇이 삼일예배에 참석했는데 예배당은 마루였고 방석위에 앉아 예배를 드렸습니다.

당시 설교하시던 김원희목사님께서는 신명기서를 강해 하셨습니다.

너무 오랜 세월이 지나서 설교내용은 기억할 수 없었으나 목사님께서는 늘 진지하심으로 신명기서를 설교하심이 기억이 됩니다.

50년이상 세월이 지난후 삼일예배 강단에서 직접 신명기서 요약설교를 9개월이상 하면서 깊은 영적 감명과 교훈을 얻었습니다.

신명기서는 모세의 고별설교 3편 분류한 설교로써 모

압평지에서 요단 건너 가나안 지역으로 입성해야 하는 이스라엘 신세대 후손들에게 전하는 모세의 진지한 설교입니다.

신명기의 총 주제는 신 6:5 "너는 마음을 다하고 뜻을 다하고 힘을 다하여 네 하나님 여호와를 사랑하라"입니다.

이 말씀이 신명기서 전체 내용에 뼈대를 이루고 있습니다.

오늘날 이 시대를 살아가는 성도들도 "오직 하나님만 사랑하는" 참신앙으로 사는 것이 되어야 합니다. 하나님을 믿노라 하면서도 여전히 세상적, 육신적, 부귀영화적으로 살면서 세속에 물들어 산다면 하나님의 영광을 가리우는 불신앙 되어지는 것입니다. 오직 하나님만 사랑하는 은혜가 있기를 소원합니다.

환원찬 화양동 서재에서

차례

인생이 가는 길

(신 1:29-33)

신명기서는 모압평지에서 모세의 3편의 설교입니다.

곧, 고별설교이므로 의미심장 합니다. 모세 설교는 지난날 하나님의 인도해 주심을 회상 시킵니다.

또한, 장래의 길도 인도해 주신다는 설교인 것입니다.

오늘날 우리에게도 동일하게 주시는 말씀입니다. 우리는 내 가는 길 알지 못합니다. 하나님이 아십니다. 인도해 주시며 지키십니다.

모세의 설교는

1. 내일 일을 예비해 주십니다.

30절 "너희보다 먼저 가시는 너희의 하나님 여호와께서…"

그렇습니다.

지난날도 도우시고 지키시는 하나님이십니다. 여기까지 에벤에셀의 도우시는 하나님 이십니다.

또한, 장래에 가는 길도 앞서 행하시고 예비하십니다. 마하다임 하나님입니다. 창 32:2 "하나님의 군대라 하고 그 땅 이름을 마하나임이라…" 야곱의 길이 형통하게 됨입니다.

2. 언제나 품에 안으심입니다.

31절 "사람이 자기의 아들을 안는 것 같이… 너희가 걸어온 길에서 너희를 안으사…"

이 세상에 진정 참사랑은 부모님, 어머니, 아버님, 사람입니다.

내 힘든 일, 무거운 짐을 감당해 주시는 희생적, 헌신적입니다.

마찬가지입니다. 독수리날개위 새끼를 얹어 이동합니다. 암탉이 새끼를 품에 안듯이 하나님 사랑 언제나 동일합니다.

3. 들불과 구름기둥으로 도우십니다.

33절 "…밤에는 불로, 낮에는 구름으로 너희가 갈 길을 지시하신 자이시니라"

여호와 하나님 우리의 보호자입니다.

늘 지키십니다. 주의 오른 손을 펴사 우리의 그늘 되십니다.

낮에 해가 해치 못하며, 밤에 달도 상치 못하게 하십니다. 우리 출입을 영원히 지키십니다.

습 3:17 "너의 하나님 여호와가 너의 가운데 계시니 그는 구원을 베푸실 전능자시라"

불신 이웃과 관계

(신 2:1-6)

모세는 긴 38년 광야 여행을 생략하고 가데스바네아에서 헤스본에 이르렀던 여정을 회상합니다.

그리고, 가나안 입성을 앞둔 하나님의 명령을 전합니다.

이 시기는 구세대 사람들이 죽었고 신세대 사람들이 가나안 정복을 위해 나아갈 것을 언급합니다.

곧, 가나안 진군 명령인 것입니다. 이때 주변의 이웃 국가에 대해서

1. 에돔족속을 인정하라는 것입니다.

4절 "…너희는 스스로 깊이 삼가고"

즉, 에돔족속은 야곱의 형 에서의 후손들로서 평화로이 공존할 형제 족속입니다. 사실, 에돔은 이스라엘 행군을 가로막고 방해 하였습니다(민 20;18-21). 그럼에도 불구하고 모세는 적대감정을 갖지 말고 계속 평화를 공존할 것을 설명합니다.

2. 다투지말라고 합니다.

5절 "그들과 다투지 말라…"

세일땅은 에돔족속에게 주신 기업입니다. 그 지경을 지나지 못하게 한다고 그 지경을 침범하거나 싸우지 말라는 것입니다. 야곱의 형 에서는 동생과 오랫동안 품었던 적대감정을 풀고 동생을 떠나 세일산에 거주합니다(창 36;8).

이러한 조상들의 평화공존의 상징을 땅을 침범치 말고

불순감정을 품지 말라고 합니다.

3. 돈으로 양식을 사라고 합니다.

6절 "너희는 돈으로 그들에게서 양식을 사서 먹고…"

사실, 에돔의 사람들은 광야여정에서 이스라엘백성을 위해 행하신 하나님의 능력, 곧, 출애굽사건과 이적에 대하여 소문을 듣고 두려움을 갖기에 충분했던 것이나 약탈하거나 침략자처럼 무례히 행동하지 말 것을 주의 시킵니다. 정당히 돈주고 양식과 식수를 살 것을 말합니다.

모세의 기도

(신 3:23-29)

    여기에서 모세의 기도는 자신의 후계지도자가 될 인물을 세워달라고 기도한 직후에 이루어졌을 것이라 추측됩니다. 민 27:15-17 "…생명의 하나님이시여 원하건대 한 사람을 이 회중 위에 세워서…"

    이 모세는 가나안 입성 금지 명령이었습니다(민 20:12). 그럼에도 자신도 가나안에 들어가길 소원합니다.

    모세의 기도는

1. 주의 능력을 찬송합니다.

24절 "주 여호와여 주께서 주의 크심과 주의 권능을 주의 종에게 나타내시기를 시작하셨사오니…"

모세의 이 말은 하나님만이 유일성과 전능성을 강조한 히브리 수사학적 표현입니다.

주변의 다신론의 잡신도 하나님의 주권과 통치 아래 있으며 구원을 줄 수 없는 거짓 신임을 보여줍니다.

2. 가나안 입성을 소원합니다.

25절 "구하옵나니 나를 건너가게 하사…아름다운 땅, 아름다운 산…을 보게 하옵소서"

모세는 가나안 입성이 금지 되었음에도 소원합니다.

이전 가데스바네아에서 가나안 정탐을 하여 그 땅의 아름다움을 보고 반은 신앙의 인물 여호수아와 갈렙과 같은 신앙으로 소원하는 간절함이 엿보입니다. 레바논도 자연경관이 빼어난 곳입니다.

3. 바라만 보고 건너지 못할 것이라 응답하심을 받았다고 합니다.

27절 "동서남북을 바라고… 너는 이 요단을 건너지 못할 것임이니라"

모세야말로 가나안 입성의 자격이 있는 지도자였습니다. 그럼에도 입성불허는 구원의 은총은 인간의 공로, 업적으로 말미암지 않는다는 것과 율법으로는 구원의 한계성을 분명히 보여주는 사실입니다. 따라서 필연적 신약시대 예수님의 구원의 은혜를 암시합니다.

가나안땅에 들어가서

(신 4:1-6)

    비록 모세는 자신은 가나안땅에 입성하지는 못하나 백성들에게는 가나안땅에 들어가서 조심할 일들을 규례를 가르칩니다.

    곧, 도덕법, 의식법, 시민법, 사회법같은 법규입니다.

    또한, 법도를 지키라고 합니다. 이는 인간과 인간, 인간과 하나님과의 공적, 사적 의무를 가리킵니다.

    하나님의 시민으로

1. 말씀을 가감하지 말라고 합니다.

2절 "내가 너희에게 명령하는 말을 너희는 가감하지 말고…"

모세는 주의 말씀 따라 사는 것을 하나님의 완전성, 거룩성을 근거한 삶의 생명과 죽음이 된다는 것을 상기시켜 줍니다. 그러므로 말씀을 인간이 자기 편리에 따라 덧붙이거나 삭제함을 엄히 금합니다. 그것 역시 하나님을 거역하는 인본주의 발상입니다.

2. 여호와를 떠나지 말라고 합니다.

4절 "여호와께 붙어 떠나지 않은 너희는 오늘까지 다 생존하였느니라"

모세는 멸망과 생존을 상기시킵니다.

먼저 멸망의 사건은 싯딤에서 머물렀을 때 이방술사 발람의 올무에 걸려 그곳 모압여인과 행음한 일이며 그들의 신 바알브올 섬기다 하나님 징계를 받았던 비극적

사건 입니다(민 25:1-9). 반면, 하나님을 떠나지 않는 생활은 생존하여 가나안에 거하게 될 수 있음입니다.

3. 온전한 가르침을 따라고 합니다.

5절 "나의 하나님 여호와께서 명령하신 대로 규례와 법도를 너희에게 가르쳤나니…"

말씀은 인생의 구원 법도로써 거룩한 삶을 유지하는 것으로 일관되게 모세는 강조합니다.

오늘날도 신, 구약 성경은 참 지혜이며 지식입니다. 왜냐하면 율법은 완전하여 우둔한 자를 지혜롭게 하며(시 19:7), 순결하여 눈을 밝게 합니다(시 19:8).

즉, 하나님 말씀대로 살아가면 세상이 감당하지 못하게 됩니다.

시내산 율법(1)

(신 5:7-16)

모세의 두 번째 설교는 신 4:44부터 28:68까지입니다.

두 번째 설교에서는 신앙의 본질이 무엇이며(5:1-11:32) 율법의 규정이 무엇인지(12:1-26:19)를 다룹니다.

언약의 중요성은 하나님께서 그들의 하나님이 되고 그들은 하나님백성이 된다는데 있습니다.

그래서, 모세는 시내산에서 받은 두 돌판을 소개합니다.

그 새겨진 것은 십계명이며 인간과 하나님과의 관계에 기초가 됩니다.

1. 7-11절은 하나님에 대한 계명입니다(출 20:3-5).

① 다른 신 두지않는 것입니다.

7절 "나 외에는 다른 신들을 네게 두지 말지니라"

이 첫 계명은 하나님만이 유일한 신이시며 동일하게나 병립하여 두지 말라는 것입니다. 하나님만 경외함은 인간에게 요구되는 가장 크고 첫째 되는 신앙의 기초와 출발점이 됩니다.

② 우상 만들지 않는 것입니다.

8절 "너는 자기를 위하여 새긴 우상을 만들지 말고…"

우상숭배를 금지하는 이유는 영이신 하나님을 형상화 시킬 수 없기 때문인 것입니다.

왜냐하면 우상의 행위는 보이지않는 하나님에 대하여 만족과 위안을 얻지못하는 인간의 부패한 이기적 행위가 되기 때문입니다.

③ 절하지않는 것입니다.

9절 "그것들에게 절하지 말며 그것들을 섬기지 말

라…"

"절하다" 원어는 "샤하" 단어로 '지배당하다, 따르다'의 뜻이며 "섬기다"는 "아마드"로 '예속되다, 노예가 되다'의 뜻입니다.

따라서 귀신은 인간 외적 행위뿐 아니라 내적 정신상태까지 지배함을 뜻합니다.

④ 하나님 이름을 망령되이 부르지 말라는 것입니다.

11절 "너는 네 하나님 여호와의 이름을 망령되이 일컫지 말라"

망령되이 원어는 "라샤웨" 단어로 '무례하게, 거짓되이, 헛되이' 뜻입니다.

인간이 하나님의 이름을 남용하여 거짓 맹세를 하거나 저주하는 모독된 행위입니다. 마땅히 금해야 합니다.

2. 12-16절은 자신에 대한 계명입니다(출 20:8-12).

① 안식일 준수입니다.

12절 "네 하나님 여호와가 네게 명령한 대로 안식일을 지켜 거룩하게 하라"

안식일 제도는 전혀 낯선 것이 아님입니다. 에덴동산
에서 전해 내려오는 제도이며 호렙산에서 입법화된 것
입니다. 이는 장차 영원한 안식의 그림자입니다(히 4:9-
11). 이는 주님의 구속사 완수이며 구약시대 안식일은
신약시대의 주일로 승화된 것을 그 정신은 신, 구약이
동일합니다.

② 부모에게 공경함 입니다.

16절 "너는 네 하나님 여호와께서 명령한 대로 네 부
모를 공경하라"

부모를 공경함은 하나님의 섭리적 명령입니다. 부모님
이 없으면 나의 존재가 없기 때문입니다.

인간의 악함은 부모를 부정하는 패역함입니다.

까마귀는 "효"의 새입니다. 늙은 어미에게 먹이를 물
어다 주기 때문입니다.

이 시대에 사각지대에 노인들이 자녀들의 무관심속에
고독히 살아갑니다. 슬픈 일입니다.

시내산 율법(2)

(신 5:17-21)

모세는 시내산 율법에서 먼저는 하나님에 대한 계명 (7-11절), 자신을 위한 계명(12-16절)을 하나님과의 신앙의 출발점을 증거했습니다.

그리고, 이웃에 대한 계명을 계속하여 증거합니다(17-21절).

이 시대는 더욱 악이 기승하고 포악해 가고 있음은 인간의 부패하고 타락한 죄성 때문인 것입니다. 하나님이 싫어하시는 죄악성입니다.

1. 17절에 살인하지 말라 입니다.

사람의 생명은 최고 소중하고 존중되어져야 합니다. 이를 위해서 주께서 죽으신 것입니다. 인류역사에 최초의 살인자는 가인입니다. 그는 동생을 죽였습니다. 악한 행위입니다. 그러나 주님은 우리를 위해 죽으셨습니다.

구속사역을 온전히 이루심입니다. 요일 3:12 "가인 같이 하지 말라" 요일 3:16 "그가 우리를 위하여 목숨을 버리셨으니…" 너희도 그와 같이 하라

2. 18절에 간음하지 말라 입니다.

구약시대 당시 이교도들의 다신 및 잡신 종교의식은 성적 방종이 널리 성행했던 것을 알 수 있습니다.

그러나, 성경은 일부일처의 제도만 허락하셨고 그 외는 정당화될 수 없었고 누구든지 간음하는 자는 돌로 치라고 명합니다.

신선한 창조의 질서를 깨뜨리는 신성모독의 행위가 되

기 때문입니다. 주님은 더욱 더 고양시켜 심지어 마음에 품는 것조차 금지했습니다.

3. 19절에 도적질 하지 말지어다 입니다.

본 계명은 이웃의 재물을 빼앗거나 몰래 훔치는 것 뿐 아니다. 이웃의 명예나 인격을 흠집내거나 침해하는 것 까지 금지하는 것입니다.

자신이 땀흘려 번 돈이 아니라 범죄 지능을 발휘하여 사문서를 꾸미거나 사기를 쳐서 모은 이득은 창기가 번 수입과 같은 것이 됩니다.

이러한 소득은 하나님께 바치는 것 조차 부정하고 불결한 것입니다.

말씀을 따르면

(신 6:1-5)

　본장에는 신명기 전체의 주제인 여호와를 사랑하라는 명령의 내용입니다.

　5절 "너는 마음을 다하고 뜻을 다하고 힘을 다하여 네 하나님 여호와를 사랑하라"고 합니다.

　오늘날에도 경건한 성도들은 날마다 낭송하는 신앙고백으로 삼아야 합니다.

　그리고, 자녀들에게도 이 신앙을 보존시켜야 할 책무가 부모에게 있는 것입니다.

　말씀을 따르면

1. 장수하게 됩니다.

2절 "…네 날을 장구하게 하기 위한 것이라"
이 성구의 축복은 삼중적 차원에서 생각하게 됩니다.
① 개인적으로 시간의 명이 길 것이라는 양적 의미 외에도 ② 개인적으로 누리는 생명의 명이 길고 평화스럽고 행복스런 것이며 ③ 구속사적인 천국에 들어가 영원토록 새생명을 누릴 것이라는 의미입니다.
궁극적인 성도의 복은 장차 하늘에서 주어질 것입니다.

2. 복을 받게 됩니다.

3절上 "…그리하면 네가 복을 받고…"
여기서 "복"의 개념은 결론적으로 인간이 하나님의 말씀을 따르는 것은 하나님과 정상적 관계가 회복되는 것을 뜻합니다. 인간이 범죄하여 죄 아래 있을 때는 하나님과 원수된 관계 였습니다.

그러나, 주님을 통하여 구속받은 자들 됨은 곧 하나님과 화평의 관계로 되어진 것입니다. 주님의 한량없는 "은혜"입니다(롬 5:1-2). 곧 신령한 복입니다(엡 1:3).

3. 크게 번성합니다.

3절下 "네게 허락하심 같이… 땅에서 네가 크게 번성하리라"

번성하리라 함은 형통을 뜻합니다. 비록 황무지에서 개간을 하여 땀 흘림이 있다면 반드시 대가를 주신다는 것입니다. 목축업과 농업을 겸하여 할 수 있는 풍요롭고 기름진 땅으로 아름답게 묘사한 관용적 표현입니다. 결국은 믿음으로 사는 자들은 주의 인도하심이 고난중에도 있음입니다.

승리의 비결

(신 7:1-7)

모세는 가나안 입성시에 원주민들의 저항으로 큰 싸움이 있을 것을 예측합니다. 그러나 예전 가나안을 탐지했던 여호수아와 갈렙의 보고와 같이 모세도 가나안을 점령한다는 신앙으로 승리를 예고하는 것입니다. 이전 가데스에서 여호수아와 갈렙은 가나안은 하나님이 예비하신 땅이며 그곳 원주민을 두려워하지 말라고 한 것입니다(민 14:9). 그럼, 모세가 하는 승리의 비결은

1. 원주민들과 언약을 맺지 말것이라 합니다.

2절 "그들과 어떤 언약도 하지 말 것이요…"
가나안지역에는 일곱족속이 거주하고 있습니다.
강력한 족속들입니다. 모세는 이들과 화친이나 타협을 금합니다. 이는 불신 문화와 유행으로 죄악에 오염되어지기 때문인 것입니다. 불신세계 영향은 쉽게 물들게 됩니다.
경건한 생활에 영적 걸림돌이 되어지므로 감정적인 태도와 미온적 대처는 영적 싸움에 패배를 초래케 됩니다.

2. 혼인하지 말라고 합니다.

3절 "그들과 혼인하지도 말지니…"
이는 통혼으로 야기될 문화의 혼합과 우상숭배의 감염현상을 방지하기 위한 명령입니다. 선민의 백성은 여호와 신앙과 가나안의 바알신앙과 혼합할 수 없음을 강력히 시사합니다.

후에 이스라엘 사람들은 가나안 바알신에 물들게 되어 급속도로 타락된 생활상이 됩니다. 엘리야 선지는 바알을 쫓지 말고 여호와하나님만 섬기라고 갈멜산 영적 싸움 합니다.

3. 우상을 헐어버릴 것을 명령합니다(왕상 18:21)

5절 "그들의 제단을 헐며…"
주상은 종교적 목적으로 세운 비석입니다. 이를 깨트리라 합니다.
무엇보다도 그들의 여신인 아세라 목상도 찍으며 조각한 우상을 불사를 것을 명령합니다. 가나안의 여신은 아낫, 아스다롯 아세라 3대 여신입니다. 그중 아세라는 바알의 모신이여 엘의 아내인데 풍요와 다산을 주는 신으로 여깁니다.

조심해야 할 일

(신 8:12-20)

대부분 사막지대인 인근 근동지역에 비해 가나안 땅
은 풍부한 물(7절), 풍부한 농작물(8절), 풍부한 광물질
(9절) 있는 중요 자원이 풍성한 축복의 땅입니다. 거의
불모지와 사막으로 뒤덮인 근동지역에 있어 가나안땅은
아름다운 보고인 것입니다. 그런데 약속땅 가나안땅에
들어가서 그곳에서 풍부하게 될 때 염려는?

1. 교만하여 하나님을 잊을 경우입니다.

14절 "네 마음이 교만하여 네 하나님 여호와를 잊어버

릴까 염려하노라"

인간은 배은망덕할 경우가 비일비재 합니다.

어려울 때 받은 은혜를 저버리고 물질적 풍족할 경우 나태와 방종으로 쉽게 빠지게 되어 신앙을 버리는 나락에 떨어지게 됩니다.

모세는 이를 염려합니다. 그리고, 노예신분에서 구원하여 주신 하나님을 잊지 말라 합니다.

2. 내능력을 과시함 입니다.

17절 "네가 마음에 이르기를 내 능력과 내 손의 힘으로 내가 이 재물을 얻었다 말할 것이라"

성도의 은혜생활은 언제나 늘 마음에 하나님을 향한 사모함과 사랑함입니다.

그러나, 자신이 소유하고 있는 재물이나 직위, 무슨 명예를 스스로 성공에 의해 이룬 것인양 마음을 갖는 것은 분명 교만심이며 주인이신 하나님의 영광을 가로채는 불신앙입니다.

3. 다른 신을 따라 사는 것입니다.

19절 "네가 만일 네 하나님 여호와를 잊어버리고 다른 신들을 따라 그들을 섬기며…"

필연적 은혜를 저버리고 하나님을 잊어버리면 거짓 유혹에 빠지게 됩니다. 유흥과 쾌락, 눈에 보이는 욕심을 위해 사주팔자, 손금, 굿, 점치는 무당을 찾습니다.

또한, 눈에 보이는 우상, 이단을 따릅니다. 이는 거짓 신이며 귀신의 영에 미혹되는 것이며 구원을 받지 못하는 멸망의 길로 나아가는 것입니다.

절대적 은혜

(신 9:1-5)

모세는 가나안땅에 아름다운 유업을 주심은 전적 하나
님이 주신 은혜라 설명하여 줍니다.

아직도 일부 백성들의 마음속에 잠재해 있는 가나안
원주민들에 대한 두려움은 불신앙임을 깨우치고 상대적
으로 하나님의 능력과 은총을 상기시켜 주고 있습니다.
비록 가나안 원주민들은 강대한 족속이고 그들의 성읍
은 크다 할찌라도 그 지역을 정복할 수 있게 하심은 절대
적 하나님의 은총입니다.

1. 아낙자손을 쫓아내어 주심입니다.

3절 "여호와께서 네게 말씀하신 것 같이 너는 그들을 쫓아내며 속히 멸할 것이라"

아낙자손(2절)은 목이 긴 사람이라는 뜻입니다.

기골이 장대하며 키가 큰 족속으로 유명했고 정탐꾼들에게 두려움의 대상이었습니다. 가나안지역에 터줏대감과 같은 세력이라 할찌라도 하나님께 속히 쫓아내도록 하실 것이라 합니다. 하나님 은혜입니다.

2. 의로움이 있어 이끌어주심이 아닙니다.

4절 "…내 공의로움으로 말미암아… 그것을 차지하게 하셨다 하지 말라"

가나안땅을 정복하게 될때 자칫 자만심에 빠져 마음에서 하나님을 잊을 우려가 있을 수 있다는 것입니다. 스스로 의롭고 능력이 있다고 하지 말 것을 강력히 권고해 주는 것입니다.

이는 성도가 받은 구원은 하나님 은혜이며 큰 선물입니다. 사랑의 행위와 공로가 아님을 동일하게 교훈합니다.

3. 조상들과 약속한 것 때문입니다.

5절 "네 조상 아브라함과 이삭과 야곱에게 하신 맹세를 이루려 하심이니라"

조상의 믿음은 후손들에게도 절대적인 영향을 줍니다.

이스라엘 지파의 3대 조상들의 신앙으로 말미암아 하나님은 그들의 후손들을 언제나 지키시고 긍휼히 여겨 주셨습니다.

어려운 시련감 가운데서 기도할 때 믿음의 조상들을 기억하여 주시어 기도에 응답 주시는 것입니다. 조상의 믿음이 소중합니다.

하나님은 어떠한 분이신가?

(신 10:12-22)

모세는 인생에 행복 비결을 설교합니다.

그것은 오직 하나님을 사랑하고 그 말씀을 온전히 따르는 것이라는 것입니다.

모세는 그의 설교에서 수차례 거듭하여 마음, 뜻, 성품을 다하여 하나님을 사랑하라고 했습니다. 이는 우리의 자유를 방해하는 요구가 아니며 괴롭힘의 조항으로 얽어내려는 것도 아닙니다.

도리어 인생에게 진정한 삶의 길과 복된 길을 제공케 하는 인생에 행복이기 때문입니다(12-13절).

이제는 하나님에 대해서

1. 만물의 주권자라 합니다.

14절 "하늘과 모든 하늘의 하늘과 땅과 그 위의 만물은… 여호와께 속한 것이로되"

모세는 모든 만물이 하나님께로부터 지음받았고 다스림과 보존됨을 말합니다(롬 11:36).

이스라엘민족, 개인도 다 하나님이 구원해 주셨다는 사실입니다.

우리도 마찬가지입니다.

내가 사는 것 걸음 걸음을 주관하시며 동행하심은 하나님의 손길입니다. 욥 23:10 "내가 가는 길을 그가 아시나니…"와 욥 10:29 "참새 두 마리가 한 앗사리온에 팔리지 않느냐 그러나 너희 아버지께서 허락하지 아니하시면 그 하나도 땅에 떨어지지 아니하리라"

2. 신중에 신이시라 합니다.

17절 "너희의 하나님 여호와는 신 가운데 신이시며…"

이는 이땅에 수많은 신이 있다 할지라도 거짓신이며 잡신입니다.

오직 하나님만이 창조주시요 절대능력과 생명을 주관하시는 곧, 상천하지의 유일하신 분입니다.

그러므로, 오직 하나님만 예배하고 그 말씀을 들으며 순종하는 것입니다.

행복, 바른 길, 주의 손 잡고 천국가는 것입니다. 모세 시대도 거짓선지자들이 있었고 경계심을 가지라 했습니다. 이들은 말씀을 가감하고 꿈을 꾸고 이적, 표적 보여 마음으로 하나님을 떠나게 한다고 합니다.

3. 복의 근원이십니다(찬송 28장)

22절 "…네 하나님 여호와께서 너를 하늘의 별 같이 많게 하셨느니라"

하늘의 별 무슨 뜻인가요? 사실 야곱이 애굽에 이주할 때 70인 식구였던 것입니다.

그러나, 모세가 출애굽할 시에는 장정만 60만 가량이 430년만에 되었습니다. 곧 인구가 많아졌다는 설명입니다. 이는 앞으로 주님을 통하여 구원받는 성도 자녀들이 많아진다는 예언적 설명도 됩니다.

즉, 예수님은 인생의 행복이며 복의 근원이십니다. 예수앞에 나오면 모든 죄 사하고 행복합니다. 당신은 사랑받기 위해 태어난 사랑입니다.

우리 하나님 구원하심이 보좌에 앉으신 우리 하나님과 어린 양에게 있나이다.

오늘 주의 성일에 주님의 택한 성도들이 모여 기쁨으로 소리높여 경배, 찬양을 드립니다.

시 150편 헐렐루야 그의 성소에서 호흡있는 자마다 여호와를 찬송할지어다라 했습니다. 우리 예배 받으시옵소서.예수님 이름으로 기도 드립니다.

하나님만 섬기면

(신 11:12-15)

　모세는 그의 계속적인 고별설교에서 마음을 다하고 뜻을 다하여 하나님을 사랑하라고 합니다.

　신 6:5 주제 말씀처럼 본문 13절에서도 동일하게 설교합니다. 인생의 행복입니다. 지난 날에도 앞으로도 오직 하나님만 섬겨야 합니다.

　지난날 애굽 전역에 내리셨던 10가지 재앙을 통해서 출애굽하게 하시고 여기까지, 곧 요단까지 보호해 주신 이가 하나님이셨기 때문입니다.

　하나님만 섬기면

1. 연초부터 연말까지 지켜 주십니다.

12절 "…연초부터 연말까지 네 하나님 여호와의 눈이 항상 그 위에 있느니라" 하나님은 만물의 알파와 오메가 되시며 시작과 끝이 되십니다. 한해의 첫날부터 끝날까지 끊임없이 지켜 주시고 보살펴 주시는 분입니다. 내가 사는 날 동안입니다. 마치 부모가 늘 어린 자녀를 바라보듯이 바라보시고 지킵니다.

사 64:8 "주는 우리 아버지시니이다 우리는 진흙이요" 인생의 걸음도 하나님께 있습니다(창 16:9).

2. 단비를 내려 주십니다.

14절 "여호와께서 너희의 땅에 이른 비, 늦은 비를 적당한 때에 내리시리니…"

곧, 단비를 내려 주십니다.

히브리지역에 이른 비는 오늘날 양력 11월경 내리는 "가을비" 혹은 "첫비"를 가리킵니다.

농사일정은 파종기를 접어듭니다. 늦은 비는 우기가 끝나고 오늘날의 양력 3, 4월경 내리는 "봄비"입니다. 이때 추수기에 접어들고 풍작과 흉작을 가늠하는 결정적인 역할을 합니다. 하나님은 필요 적절한 때 은혜 내리십니다.

3. 배부르게 하십니다.

15절 "가축을 위하여 들에 풀이 나게 하시리니 네가 먹고 배부를 것이라"

가나안땅이 젖과 꿀이 흐르는 땅이란 것은 농업과 목축을 겸하여 할 수 있는 곳인 바 들에 풀이 나게 하심은 "풀"은 신령한 양식을 의미합니다. 배부를 것이라 함은 단순한 물질 풍요로 부족함이 없다는 것 이상 하나님을 섬기는 신앙이 환난 중에서 시험들지 않고 악에게 빠지지 않음입니다.

이렇게 예배하라

(신 12:5-8)

모든 그리스도인에게는 평생 지내며 예배생활을 합니다. 그만큼 예배는 성도의 중요한 신앙고백의 현장입니다.

그러므로 바른 예배관을 가져야 합니다. 곧, 성경적 예배입니다. 모세도 예배의 중요함을 회중에 전하여 가나안땅에 들어가서도 지난날 구원하여 주신 하나님께 예배 드리라고 합니다.

어떻게 예배를 합니까?

1. 정하신 곳을 찾아 나아가라고 합니다.

5절 "여호와께서 자기의 이름을 두시려고… 택하신 곳인 그 계실 곳으로 찾아 나아가서…"

자기 이름을 두시려고의 뜻은 유일하신 성품과 속성을 보이시며 자신의 존재와 권위, 영광을 의미합니다. 곧, 하나님께서 정해주시는 예배장소를 가리키는 것입니다. 곧 성전이며 앞으로 오실 주님의 몸, 교회를 뜻합니다. 주님은 자신의 피를 그의 교회를 세우시고 오직 하나님께 예배로 영광돌리는 것입니다.

2. 예물을 드리며 예배합니다.

6절 "너희의 번제와 너희의 제물과 너희의 십일조와… 너희는 그리로 가져다가 드리고"

구약에서 제사법은 동물의 피를 흘려 속죄의 제사를 드렸습니다. 이때 가죽만 벗겨버리고 제사물을 태워서 드린 것입니다.

이는 오늘날도 예배자의 온전한 헌신과 봉헌을 요구함
은 동일합니다.

구약에서는 빈손으로 나아가지 않았고 예물을 들고 나
아갔습니다(시 96:9).

기쁨으로 즐거워함으로 예배하라(시 100:2)고 하였습
니다.

3. 개인의 소견대로 예배하지 말라고 합니다.

8절 "우리가 오늘 여기에서는 각기 소견대로 하였거니
와 너희가 거기에서는 그렇게 하지 말지니라"

"소견대로"라는 말은 자기 생각, 눈에 좋은대로 행하
는 것입니다. 이는 여호와의 제사제도에 맞지않는 이교
도적 제사형태인 것입니다.

그러나, 모세는 장차 가나안땅에 입성하면 거기에서는
시내산 율법과 성막제도에 따라 제사할 것을 거듭 명령
하는 것입니다.

분별하라

(신 12:31, 13:1-5)

어느 시대든지 올바른 영적 분별력을 가져야 합니다(요일 4:1). 모세도 그 시대에 거짓선지자를 경계하여 미혹받지 말 것을 당부합니다. 백성이 가나안에 들어가서 정착하게 될 때 반드시 거짓선지자들이 출현할 것을 예고해 주고 있습니다. 원래 선지자는(히, 나비) 하나님이 주신 말씀을 백성에게 전하는 대언자입니다. 출 7:1 "여호와께서 모세에게 이르시되… 네 형 아론은 네 대언자가 되리니" 그런데 거짓선지자들은 하나님의 계시를 받지않고도 특별계시인양 주장하면서 미래에 대한 거짓예언을 일삼는 자들입니다.

거짓선지자의 특징은

1. 말씀을 가감합니다.

12:32 "…그것에 가감하지 말지니라"

이는 온전한 예언을 변질시키는 것입니다. 하나님의 모든 말씀은 완전성 및 거룩성, 전지성에 근거한 것입니다. 때문에 인간이 인위적으로 어떤 내용을 덧붙이거나 삭제하는 것을 엄히 금하고 있습니다.

그러나, 거짓선지자들은 마치 거짓을 예언하여 제사장들은 자기권력으로 다스리지만 오히려 회중은 그것을 좋게 여겨 추종합니다.

이러한 현상을 예레미야선지는 탄식합니다(렘 5:31). 또한, 여호와께서 말씀하셨다라고 거짓 점괘를 보는 그들은 사실은 여호와가 보낸 자가 아니라고 에스겔선지는 백성을 유혹하는 거짓선지자라 합니다(겔 13:6, 10).

2. 마음으로 하나님을 떠나게 합니다.

3절 "너는 그 선지자나 꿈 꾸는 자의 말을 청종하지 말라…"

왜냐하면 하나님을 향하여 마음을 멀어지게 하기 때문입니다.

이들은 이적과 표적으로 진리를 믿지 못하도록 미혹케 합니다. 거짓선지자들의 교활한 유혹의 방법입니다. 그러나 주님도 이러한 거짓선지자 노릇을 하는 자들에게 "불법을 향하는 자들아 내게서 떠나가라"고 하였습니다 (마 7:23).

기독신앙의 표적은 영생을 얻는 "믿음"에 있습니다(요 20:30-31).

영적 판별법

(신 14:1-8)

모세는 레위기에서도 언급함과 같이 먹을 수 있는 정결한 가축, 어류, 파충류에 대해서 구분하여 주고 있습니다.

또한, 먹을 수 없는 부정한 가축, 어류, 파충류에 대해서도 언급합니다.

곧, "판별법"입니다. 왜냐하면 오늘날도 성도들은 죄를 떠나서 거룩한 생활을 하는 것이 하나님의 뜻입니다.

본문 2절에 "너는 네 하나님 여호와의 성민이라"

레 11:44-45 "내가 거룩하니 너희도 몸을 구별하여 거룩하게 하고…" 했습니다.

정결한 생활의 판별법은?

1. 먹을 수 있는 짐승이 있습니다.

4-6절 "너희가 먹을 만한 짐승은 이러하니 곧 소와 양과 염소와…" 먹을 수 있는 이유는(6절) 굽이 갈라져 쪽발도 되고 새김질하는 것이기 때문입니다.

이는 어떠한 영적 의미가 있는가요?

위에 언급된 짐승들은 초식 동물입니다. 순수하고 자연적으로 사는 깨끗한 풀을 뜯어 먹고 삽니다.

이는 때를 따라 내리는 꼴, 신령한 양식입니다.

성도는 은혜의 말씀을 먹고 사는 신령한 자들입니다. 언제나 그러합니다.

목자의 음성을 따라 사는 자이며 모든 일에 은혜를 끼치고 삽니다.

2. 먹을 수 없는 짐승이 있습니다.

7-8절 "너희가 먹지 못할 것은 이것이니 곧 낙타와 토끼와 사반, …돼지…"

먹을 수 없는 이유는 새김질은 하나 굽이 갈라지지 아니하였느니 너희에게 부정하기 때문입니다.

반면 돼지는 굽이 갈라졌으나 새김질을 못하기 때문입니다. 그럼, 새김질하고 굽이 갈라져 있음은 어떤 영적 의미가 있습니까?

새김질은 거듭남의 생활을 합니다. 자기가 먹었던 음식을 다시한번 잘근 잘근 씹어서 소화에 도움이 되며 소화불량에 걸리지 않습니다.

즉, 성령을 따라서 말씀으로 기도로 자신을 돌아보고 때묻은 것 있으면 회개하고 돌이킵니다.

또 한가지 먹지못하는 동물은 굽이 갈라지지 않는 것입니다.

"굽"은 히브리어 "파라스"에서 파생된 말로 굽이 완전히 둘로 나우저져 있는 상태를 뜻합니다.

곧, 굽이 갈라졌다는 것은 영적인 의미에서 성도가 세

상에서 구별되어 거룩한 삶을 살아야 하는 사실을 암시하는 것입니다.

이 두 가지 조건중 어느 하나라도 부족하다면 먹을 수 없는 것은 하나님의 절대 순결성과 거룩함을 따라야 하는 진정성 때문입니다.

가난한 이웃에 대하여

(신 15:7-11)

 땅에는 언제든지 가난한 자가 그치지 않습니다(11절). 모세는 가난한 형제에 대하여 언급하며 그들의 궁핍을 돌아볼 것을 촉구합니다. 가난한 형제는 그 형편이 남이 알 수 없는 절박함이 있고 사실 생사의 문제로 극심한 고통이 있기 때문입니다. 더 나아가서는 7년 안식년 때에 형제의 채무를 면제하라고 합니다(1-2절).

 가난한 이웃에 대하여

1. 마음문을 닫지 말라고 합니다.

7절 "…가난한 형제에게 네 마음을 완악하게 하지 말며 네 손을 움켜 쥐지 말고"

이웃에 대하여 긍휼과 동정심을 가져야 함에도 고의적으로 외면하고 방치하는 상태를 가리킵니다. 이는 마음이 강퍅함 입니다.

사실 모든 재물은 궁극적으로 하나님께로부터 왔고 그것을 인정한다면 재물을 움켜쥐는 것과 같은 행동은 금해야 합니다.

2. 마음문을 열어야 합니다.

8절 "반드시 네 손을 그에게 펴서 그에게 필요한 대로 쓸 것을 넉넉히 꾸어주라"

이 명령의 근본정신은 하나님 사랑, 이웃 사랑입니다.

모든 재물이 하나님께로부터 왔고 우리 개인은 재물의 관리인으로서의 정신으로 어려움 당한 이웃의 절박함을 돌아보는 관용과 동정심을 마땅히 갖고 꾸어 주어야 합니다. 형제 궁핍 보고도 도와줄 마음을 닫으면 하나님 사랑이 그 속에 있겠느냐 라고 합니다(요일 3:17).

3. 모든 일에 복을 받습니다.

10절 "너는 반드시 그에게 줄 것이요, 줄 때에는 아끼는 마음을 품지 말 것이니라 이로 말미암아… 네게 복을 주시리라"

가난한 자의 하나님이십니다(잠 17:5). 가난한 자도 하나님이 지으신 동일한 형제입니다. 가난한 자를 돕는다면 네 손이 하는 모든 일에 복을 주심을 언제나 땅에는 가난한 자들이 있고 그들을 돌보면 하나님이 갚아주심의 약속입니다.

공의로운 재판

(신 16:18-22)

이 땅에 재판장에 "유전무죄" "무전유전"이라는 말은 그만큼 억울하고 불공평한 판결로 탄식하는 경우가 비일비재 하다는 것입니다. 그러나 하나님은 공의로우신 재판장이며 재판은 여호와께 속한 것이라고 모세는 말합니다(신 1:17).

곧, 모세는 재판장들이 공의로운 재판을 실행할 것이며 진정한 재판장은 하나님이시라 합니다.

정의로운 재판은

1. 재판을 굽게 하지 말것이라 합니다.

19절上 "너는 재판을 굽게 하지 말며…"

재판장은(샤파트) 법정의 우두머리로 재판을 관장하는 자입니다. 이스라엘 고대사회에서도 지방마다 7명 재판관을 중심으로 구성되었고 재판을 시행하였으나 사형판결은 예루살렘 공회에서 내릴 수 있었습니다. 굽게 하지 말라는 것은 올바르게 정의롭게 시행되어야만 함을 뜻합니다.

2. 뇌물을 받지 말것입니다.

19절下 "…뇌물은 지혜자의 눈을 어둡게 하고…"

재판관은 공의에 입각하여 백성들의 평등한 권익을 옹호해 주어야 할 의무와 책무가 있습니다.

더욱이 뇌물은 눈을 어둡게 하고 재판에 요구되는 확실한 증거조차 파악하지 못하고 판결을 굽에 만드는 요인으로 공정성을 뒤흔들어 놓고마는 것이 됩니다.

성경은 뇌물받는 것을 엄격히 금하고 있습니다. 시편 기자는 언급합니다. 시 15:5 "이자를 받으려고 돈을 꾸어 주지 아니하며 뇌물을 받고 무죄한 자를 해하지 아니하는 자이니…" 뇌물 받음으로 오는 중대한 피해성을 지적하고 있는 것입니다.

이는 재판 규례에 나타난 근본 정신은 하나님의 공의에 입각한 것으로 그 시대에 사회 정의의 보루가 되어야 하기 때문입니다. 재판의 주관자이신 하나님께서는 더욱 준엄하고 엄격하게 판결을 요청합니다.

그러나 뇌물을 받고 그릇된 판결을 한다면 그에게 반드시 저주할 것이라고 언급합니다. 곧, 하나님과 관계 단절로 인한 죽음이었습니다. 신 27:25 "뇌물을 받는 자는 저주를 받을 것이라"

지도자(왕)

(신 17:14-17)

어느 시대든지 그 시대에 지도자들은 하나님께로부터 권력과 직위가 온 것입니다.

선한 지도자나 악한 지도자이나 하나님이 세우신 목적에 따라 도구로 사용되는 것입니다(롬 13:1).

그러나 자신이 부여받은 권세를 남용하여 교만하거나 부와 권력, 사치에 미혹받지 말아야 한다는 것입니다.

1. 지도자는 하나님이 택하신 것이라 합니다.

15절 "반드시 네 하나님 여호와께서 택하신 자를 네 위에 왕으로 세울 것이며…"

즉, 지도자(왕)로 옹립될 수 있는 자는 이는 사람의 뜻에 의해 된 것이 아니라 오직 하나님의 뜻에 의해 세워진 것이며 하나님의 대리자임을 시사합니다.

이에 지도자는 마땅히 순수한 여호와 교육을 받고 여호와 신앙을 갖춘 자 이어야 함을 의미합니다.

이에 반하면 독재와 폭꾼, 폭력의 지도자(왕)가 될것입니다.

교만한 독재자는 분명 그를 세우신 하나님의 심판을 자초하게 됩니다.

2. 군사력을 의지하지 말라고 합니다.

16절 "그는 병마를 많이 두지 말 것이요…"

이는 자신을 세우신 하나님을 멀리할 수 있고 군사력을 의지하게 될 수 있습니다.

물론 고대사회에서는 나귀와 노새가 흔하지 않았으며 말은 더욱 소유하기가 어려웠습니다.

그래서, 병마가 많게 되면 위풍당당한 존재로 비추어
집니다.

그러나, 지도자는 하나님의 대리자에 불과하므로 언제
나 하나님을 의지하는 신앙이 진정 우선되어야 합니다.

당시 애굽은 "우랑마"의 원산지였고 따라서 말을 수
입하기 위해서는 자연히 애굽과 교역할 수밖에 없었습
니다.

그렇게 된다면 결과적으로 애굽에 각종 타락한 문화
와 우상에게 오염되고 영향을 받아 범죄하게 되기 때문
입니다.

3. 향락과 사치에 물들지 말아야 함입니다.

17절 "아내를 많이 두어 그의 마음이 미혹되게 하지
말 것이며…"

아내를 많이 거느린 것은 향락에 몰두한다는 것을 뜻
합니다. 일락을 따르는 것은 인간의 오만함이고 부패입
니다.

하나님이 직접 세우신 결혼제도는 누구에게나 명령하신 일부일처제이며 이 윤리는 경건한 생활에 초석입니다.

선지자

(신 18:15-22)

이미 모세는 신 13:1-5에서 거짓 선지, 거짓 예언을 분별하라고 했습니다. 다시 본장에서 선지자의 신분과 임무에 대하여 중요성을 좀더 구체적으로 언급하고 있습니다.

진정 어느 시대든지 선지자는 하나님의 사람이었으며 그 시대에 고난받는 자 였으나 하나님 말씀을 온전히 대언한 소중한 사명자들이었습니다.

1. 선지자는 하나님이 세우셨습니다.

15절 "너를 위하여 나와 같은 선지자 하나를 일으키

시리니…"

모세 사후에도 계속하여 하나님은 선지자를 세우시고 모세와 같이 시대적 사명을 성취하심입니다.

모세가 호렙산에서 부름을 받았고 시내산에서 말씀을 받았습니다.

백성을 출애굽하여 광야 40년길을 이끌었던 것입니다. 막중한 사명입니다. 전적 하나님의 부르심이며 택한 자입니다.

모든 선지자들도 동일한 사명입니다.

2. 하나님 말씀의 대언자입니다.

18절 "…내 말을 그 입에 두리니 내가 그에게 명령하는 것을 그가 무리에게 다 말하리라"

선지자란 말은 히브리어 "나비"로서 이는 하나님의 계시를 받아 선포하는 자들입니다. 즉, 선지자는 하나님을 대신하여 활동한 것입니다.

선지자 제도의 기원은 본문 18절에서 나타나고 있습니다. 모세는 구약의 대표적 선지자로 하나님과 대면하여 말씀을 들을 정도로 그의 선지자의 직분은 탁월했습니다(민 12:8, 신 34:10).

즉, 모세는 구약에서 가장 뛰어난 선지자였으나 앞으로 오실 참 선지자 되신 주님의 그림자에 불과할 뿐입니다.

3. 자기 마음대로 말할 수 없는 자입니다.

20절 "내가 전하라고 명령하지 아니한 말을 제 마음대로… 말하면 그 선지자는 죽임을 당하리라"

무서운 말씀입니다.

거짓 선지자들의 특징은 제마음대로 전하거나 말하는 것입니다.

구약에 수많은 거짓 선지자들이 시대마다 등장합니다. 겔 13:17 "너 인자야 너의 백성 중 자기 마음대로 예언하는 여자들에게 경고하며…"

본문 22절에도 "…여호와께서 말씀하신 것이 아니요 그 선지자가 제 마음대로 한 말이니…" 라고 경고합니다.

도피성

(신 19:1-10)

　모세는 가나안땅에 들어가 거주할 때 도피성 세 구역
으로 나누지 모든 살인자들을 그리로 도피하여 생명을
보존하도록 합니다.

　그래서 보수자들로부터 보복당하지 않도록 한 것입니
다. 고대근동 풍습에 다른 사람으로부터 피살당할시 친
족과 형제가 복수할 의무가 있었습니다(민 35:12).

　도피성은

1. 부지중 피 흘린 자를 보호하기 위함입니다.

4절 "누구든지 본래 원한이 없이 부지중에 그의 이웃을 죽인 일"

도피성제도가 이스라엘의 모든 백성을 위한 제도임을 분명히 보여줍니다.

즉, 부지중 살인한 사람들의 신변보호 뿐 아니라 사회 전체의 질서유지를 위하여 주어진 규례입니다. 곧 보복에 보복을 가져올 악순환을 방지시켜 더 큰 혼란에 빠지지 말도록 한 것입니다.

도피성으로 향하는 도로는 넓이가 14m 가량 되는 대로이며 그 길에는 "도피성"(이클라트) 쓰인 표시판을 세워 피신하도록 했습니다. 이는 앞으로 오실 예수 그리스도의 모형입니다.

주님은 인생에 이클라트(성)입니다.

주님은 모든 인생의 구원의 길, 대로가 되십니다. 누구든지 주님께로 나오면 구원을 얻으며 인생에 참 안식과 평안을 얻게 됩니다.

2. 보복을 받지않게 하기 위함입니다.

6절 "…그 가는 길이 멀면 그를 따라 잡아 죽일까 하노라"

저 마귀는 죄 범한 인생을 사망으로 지배하고 왕노릇 합니다. 그리고 영영 형벌 받도록 멸망케 합니다.

그러나, 주님은 우리의 피난처시오 구원이시므로 주를 믿는 자들에게는 사망에서 옮겨 생명에 이르도록 은총을 주신 것입니다.

주님은 구원의 문을 넓게 여시고 죄 범한 인생을 부르십니다.

두려워 말라

(신 20:1-9)

모세는 곧 가나안땅에 정착하는 이스라엘 백성에게 용기를 돋구어 줍니다.

비록 그곳에 거주하는 원주민 7족이 강한 무기로 무장하고 있는 군사력이 강할지라도 두려워 말라고 격려합니다.

그들은 전쟁에 승패를 좌우하던 정예 주력 부대였으므로 낙심할 수밖에 없었지만 전쟁의 승패는 하나님께 달려있기 때문입니다.

그러므로, 그들 앞에서 미리 기가 죽고 체념치 말라는 것입니다. 왜? 두려워 말아야 합니까?

1. 하나님이 함께 해주시기 때문입니다.

1절 "애굽 땅에서 너를 인도하여 내신 네 하나님 여호와께서 너와 함께 하시느니라"

사실 이스라엘 유목인들이 큰 희생없이 애굽에서 출애굽한 일이나 광야 40년 여정을 지내온 것은 하나님이 앞서 싸워주셨기 때문입니다.

애굽에 내린 재앙이나 광야길 방해하는 여러 족속중에 그 길을 무사히 지내온 것은 하나님이 늘 그들 편에 계셨기 때문입니다.

그래서, 싸움터에서 제사장들은 그들의 군사들에게 두려워 말 것을(3절) 거듭 거듭 용기를 주도록 했습니다. 이는 지난 날 비느하스 제사장이 전쟁터에 나아와서 전투를 지휘했던 것과 같습니다(민 31:6).

2. 구원은 하나님께만 있기 때문입니다.

4절 "…너희를 위하여 너희 적군과 싸우시고 구원하

실 것이라…"

하나님은 "여호와닛시"의 "나의 깃발"입니다.

하나님은 이스라엘 대적자들을 그들의 손에만 믿기지 아니 하셨습니다. 늘, 언제나 개입하여 주시어 여호와 닛시의 승리와 구원 주심입니다. 오늘날, 우리 성도들도 내 힘과 내 의지를 앞세워 사는 것이 아니라 하나님이 내 크고 작은 일에 개입해 주시기를 진정으로 기도해야만 합니다.

3. 두려워하는 자들은 떠나라고 합니다.

8절 "…두려워서 마음이 허약한 자가 있느냐 그는 집으로 돌아갈지니…"

믿음 없는 생각과 마음 가짐은 나쁜 영향을 주변에도 미칩니다. 사실 믿음의 능력은 마음의 자세, 정신상태에서 비롯됩니다. 겁먹는 것은 인지상정이나 하나님의 말씀에 믿음을 갖고 용기를 내야 합니다. 의기소침은 이미 패전입니다.

어려운 일 당한 형제

(신 22:1-4)

모세는 이웃사랑 실천을 가리킵니다

더욱이 "네 형제" 즉 혈연적인 형제나 친척 이웃만 아니라 알지 못하는 이웃에게도 어려운 일을 보거든 이웃사랑의 실천을 행할 성문법을 명시하고 있습니다. 이는 이스라엘 공동체의 규례입니다.

1. 어려운 일 당한 형제를 못본체 하지 말라고 합니다.

1절 "네 형제의 소나 양이 길 잃은 것을 보거든 못 본 체하지 말고…"

이는 곤경에 빠진 이웃의 일에 무관심으로 지나쳐 버
리지 말라는 것입니다.

대개 가축을 기르는 유목생활은 가축을 반목했기 때문
에 종종 길을 잃은 경우가 있었던 것입니다.

혹, 보거든 반드시 돌릴 것이며 내 소유를 찾는 것처럼
의무감을 가지라 합니다.

2. 반드시 도우라고 합니다.

4절 "너는 반드시 형제를 도와 그것들을 일으킬지니
라…"

우리는 때로 내 마음에 가지 않은 이웃에 대하여 마음
문을 열지 않으려 합니다. 그러나 형제의 어려운 문제에
의무감과 책임감을 가지라 모세는 가르칩니다. 또한 이
미 모세는 출 23:4-5에서 원수나 미워하는 자의 어려움
을 돌보아 주라고 했습니다.

"네가 만일 네 원수의 길 잃은 소나 나귀를 보거든 반
드시 그 사람에게로 돌릴지며 네가 만일 너를 미워하는

자의 나귀가 짐을 싣고 엎드러짐을 보거든 그것을 버려 두지 말고 그것을 도와 그 짐을 부릴지니라"

곧, 적대 감정을 가진 사람이라도 오히려 이런 사람을 사랑하는 것이 율법의 근본 정신이 됩니다. 이 가르침은 신약에서도 주님이 가르치셨던 선지자, 율법의 강령입니다(마 22:37-40).

채무금, 서원

(신 23:19-35)

모세는 계속하여 형제 사랑에 대하여 언급하며 어려운 형제에 대한 채무금에 대하여 지침을 줍니다. 사실 지난 날 애굽에서 종 되었던 궁핍한 가운데서 출애굽하게 하신 것을 기억하며 지금에 있어 어려운 형제를 외면하지 말고 도울 것을 말합니다.

1. 이웃에 대한 채무금

이자를 받지 말라 합니다.

19절 "네가 형제에게 꾸어주거든 이자를 받지 말지

니…”

즉, 어려움 당한 형제들에게 돈을 빌려줄 경우 고리대금을 금지하는 규정입니다. 그들의 극심한 궁핍과 생계 유지를 보면서 차용해 주었을 때 압박치 말라는 것입니다.

따라서 약자보호 및 이웃사랑을 실천시 하나님께서 네 손이 하는 범사에 복을 내리신다는 것입니다.

단, 이스라엘 백성이 가나안 땅에 정착하여 주변 다른 상인들과 무역시 그럴 경우에는 상거래상 금전 대여에 따른 이자 소득은 당연하다고 합니다.

2. 서원은 반드시 갚을 것이라 합니다.

21절 “네 하나님 여호와께 서원하거든 갚기를 더디하지 말라”

서원(나다르)의 원뜻은 ‘약속하다’입니다. 이는 인간이 하나님에 대하여 무엇을 드리거나 어떠한 일을 하겠다는 약속하는 것을 가리킵니다. 곧, 무엇을 맹세하고 약속하는 것은 자신의 신앙에서 비롯된 자발적 행위이며 억지로 강요당하여 하는 것이 아닙니다.

여하간 서원을 이행하지 않을 경우에 기만행위가 되어 죄가 됩니다.

예초로부터 서원하지 않을 경우에는 아무런 일이 없는 것이나 서원하는 경우는 자신이 자발적 신앙의 동기로 한 것이므로 소중한 신앙고백입니다. 하나님께서도 기쁘게 받으십니다.

관용

(신 24:10-19)

모세는 사회적으로 약자들에 대한 관용을 언급합니다. 더욱이 지난날 애굽에서 종 되었던 생활을 기억하여 어려운 형제에게 조심하여 배려를 할 것을 말하고 있습니다.

본의아니게 가난하고 어려운 사고, 재난, 부도는 오늘날도 마찬가지입니다. 내가 당하는 일로 생각하여 관용을 베풀어야 합니다.

1. 전당물을 해질 때는 돌려 주어야 합니다.

13절 "해 질 때에 그 전당물을 반드시 그에게 돌려줄 것이라"

어려운 형제가 차용시 대부금을 조건으로 전당물을 주었을 때 그 전당물이 옷이라면 저녁에는 덮고 자거나 추위에 옷을 입어야 하므로 돌려주어야함입니다.

그에게서 이익을 취하기 위해 잔인한 방법으로 돌려주지 않는다면 하나님앞에 악인이 됩니다.

2. 품삯을 당일에 주어야 합니다.

15절 "그 품삯을 당일에 주고 해 진 후까지 미루지 말라…"

왜? 이 말씀을 합니까?

오늘날의 "날품팔이", "일용근로자"에 해당되는 사람들을 대개 그날 받아서 그날 셍계를 유합니다. 품삯이 지체되면 본인에게만 아니라 그 가족 전체에게까지 고통이 돌아갑니다. 그래서 품삯을 당일에 주라는 근본 정신은 가진 자가 없는 자에 대하여 좀더 따뜻한 마음으로 인격적 대우를 해주어야 함은 물론 없는 자에 대한 딱한 처지를 십분 이해하여 최선을 다하라는 것입니다. 곧, 이웃사랑의 실천입니다(레 19:15).

신약에 야고보도 피고용자의 어려움을 아랑곳하지않고 노임을 체불하는 것 경고를 합니다(약 5:4).

3. 추수기에 곡물을 밭에 남겨두어야 합니다.

19절 "네가 밭에서 곡식을 벨 때에··· 나그네와 고아와 과부를 위하여 남겨두라···"

비록 자신이 파종기에 밭을 일구고 씨앗을 뿌려 추수기에 수확할 때에 내가 땀흘려 일구었으므로 소유의식으로 다 거두지 말라고 합니다.

어려운 형제를 생각하여 밭에 일부 곡식을 남겨둘 것을 언급합니다. 그러면, 하나님께서 내 손이 하는 모든 일에 복을 내리시라고 합니다.

아멜렉을 잊지 말라

(신 25:17-19)

아멜렉은 에서의 손자인 아멜렉의 후손들입니다(창 36:12).

곧, 에돔 족속 계보인 에서의 아들 엘리바스, 엘리바스의 첩의 소생 아멜렉 등입니다.

왜? 모세는 아멜렉을 잊지 말라고 합니까? 그것은 에돔 족속은 육신의 계열의 후손들이며 그들의 조상에서는 팥죽 한 그릇으로 장자 명분을 판 것으로 하나님의 은혜에서 떨어진 자입니다.

왜? 아멜렉을 잊지말라 합니까?

1. 광야에서 기습공격한 일입니다.

17절 "너희는 애굽에서 나오는 길에 아말렉이 네게 행한 일을 기억하라"

이는 이스라엘 백성이 광야길 르비딤에 이르렀을 때, 이때는 출애굽 제1년 2월말경입니다.

앞길을 가로막고 약탈과 포획하기 위해 기습공격한 산적들입니다. 모세는 하나님께 산에 올라가서 기도하였고 여호수아는 군사들과 함께 전선에서 전투하였고 아멜렉은 불러가게 된 하나님의 승리, 여호와닛시 전투입니다.

2. 행렬 후미 약한 백성이 희생 때문입니다.

18절中 "…네 뒤에 떨어진 약한 자들을 쳤고…"

아말렉은 비겁한 산적무리입니다. 상대방 행군 대열의 가장 뒤쪽 후미를 기습적으로 습격하여 무자비하게 살육하는 만행들이 저지른 것입니다.

육에 속한 족속들의 특징입니다. 마귀의 속성이라 할수 있습니다. 이러한 정당하지 못한 육에 속한 자들을 멀리하고 그들의 소행을 잊지말라 입니다.

3. 하나님이 없는 족속이기 때문입니다.

18절下 "…하나님을 두려워하지 아니하였느니라"

아멜렉은 신앙이 전혀 없는 족속입니다. 육신의 생각, 육신의 마음으로 행하는 자들이며 하나님이 없는 자들입니다. 이는 그들의 조상에서도 동일합니다.

에서는 팥죽 한 그릇으로 장자의 명분(하나님의 은혜, 믿음의 유업)을 팔아 넘겼습니다. 나중에 후회하여 장자의 명분을 잃어버린 망령된 자로 통곡을 했던 것입니다.

경배할 이유

(신 26:1-11)

모세는 계속하여 그의 설교 중에서 무엇보다도 하나님께 경배할 이유를 설명해 줍니다.

즉, 가나안 땅에 들어가 거주할 때 무엇보다 더욱 하나님을 섬기고 순종해야 할 것을 분명한 본분이라는 것입니다.

하나님이 기뻐하심은 택하신 곳에 나아가 제물을 제단 앞에 놓을 것이며(2, 4절) 하나님앞에 경배할 것이라 했습니다(10절).

그 구체적인 이유는?

1. 애굽에 건져주셨기 때문입니다.

8절 "…우리를 애굽에서 인도하여 내시고"

모세는 지난날 하나님의 구원을 회상합니다. 그곳에서 430년 기간을 지내면서 번성한 히브리민족이 되었는데 애굽사람이 학대하고 중노동으로 고통과 탄식으로 노예생활의 참상을 기억하게 했습니다. 그러나, 하나님께서 이적과 기사로 애굽에서 출애굽하여 주신 구원이라 합니다.

2. 기도를 들어주심입니다.

7절 "…여호와께서 우리 음성을 들으시고"

모세는 기도를 들으시는 은총을 감사합니다. 애굽 사람들의 학대로 인해 중노동을 하면서 견딜 수 없어 기도하였는데 하나님은 그들의 탄식과 부르짖음을 받으시 것입니다(출 2:23). 모세는 조상의 하나님이 그 자녀들의 고통소리를 결국 들으셨다는 구원의 은총을 잊지말고 어디서든지(가나안 정착) 하나님을 경배함이 마땅하다고 합니다.

3. 젖과 꿀이 흐르는 땅을 주심입니다.

9절 "이곳으로 인도하사 이 땅 곧 젖과 꿀이 흐르는 땅을 주셨나이다"

가나안땅은 풍요롭고 축복된 땅이라는 것은 이미 가네스바네아에서 파손된 12정탐꾼들의 보고였습니다(민 13:26-27).

부정적 보고하는 10명 정탐꾼이나 긍정적 보고하는 여호수아, 갈렙은 이점에 있어 공통된 사실입니다.

정탐꾼들은 40일 동안 가나안의 최남단에서 최북단 160km 거리를 다니며 세세히 임무를 수행한 것입니다.

젖과 꿀이 흐르는 비옥한 땅, 그곳 산지의 열매는 애굽에서도 볼 수 없는 실과였으며 포도송이 한 송이를 둘이 메고 운반해온 것이었습니다(민 13:23).

요단 건너서

(신 27:1-8)

이스라엘 백성은 언약을 맺은 택한 자들입니다(사 43:3).

이 언약은 평생에 변치않는 약속입니다. 그러므로, 이스라엘 자손들이 요단에 들어가 그곳에(가나안땅) 정착할지라도 언약을 따라 반드시 살 것을 모세는 설교합니다. 그 명령은 무엇보다도 무엇입니까?

1. 큰 돌을 세우라 입니다.

2절 "…네게 주시는 땅에 들어가는 날에 큰 돌들을 세우고 석회를 바르라"

"큰 돌을 세우라"는 것은 오늘날과 같은 책이 없었던 고대사회에서는 돌에 기념비적 사건이나 율법을 기록케 한 것입니다. 그러한 돌비에 "석회를 바르라"는 것은 새긴 글자가 선명히 드러나도록 함인 것입니다.

또한, 이 돌을 에발산에 세우라(4절)는 것은 저주의 표상인에 발산에 세우라는 이유는 죄와 저주가 희생 제사와 말씀으로 말미암아 죄 속함을 잊는 것을 보여주는 것입니다.

2. 제단을 쌓으라입니다.

5절 "거기서 네 하나님 여호와를 위하여 제단 곧 돌단을 쌓되"

율법을 새긴 돌비를 세우는 것이 하나님께로 통하여 인간에게 찾아오시는 것에 대한 상징이라 본다면 제단을 쌓는 것은 인간의 희생제사를 통하여 하나님께 나아간다는 것을 상징한다고 볼 수 있습니다.

이는 오늘날 예배입니다.

예배는 구속받은 자들의 최고의 믿음 행위가 됩니다.

이 예배는 구약에 제단, 돌단을 쌓는 것에서 기원이 되어집니다. 이때, 모세는 주의사항을 언급합니다.

"쇠연장을 대지 말라"(5-6절) 이는 자연석 그대로 제단을 쌓는 것인데 곧, 외적 아름다움에 마음을 빼앗기거나 신경 쓰는 일이 없이 오직 신령과 진정으로 온전한 예배를 드림에 교훈을 줍니다.

예배의 목적은 죄의 속죄 및 하나님과의 정상적 영적 관계를 유지하며 온전한 헌신, 정성을 드리는데 있습니다.

또한, 당시에 우상숭배 중심지 가나안에 대하여 오직 하나님만이 유일신, 구원을 주시는 분임을 선포하는데 있습니다.

주의 명령을 따르면

(신 28:1-10)

모세는 여호와의 축복은 삶의 모든 영역에 미치게 된다고 말합니다. 즉, 주의 명령을 순종하는 경우는 임한 축복을(1-14절), 주의 명령을 불순종하는 경우는 따르는 저주를 (15-68절)에 거듭 상기시켜 주고 있는 것입니다.

이러한 축복과 저주는 형식적인 측면에서 아주 흡사합니다. 7-14절은 1-6절 내용을 좀더 상세히 서술하여 주는 하나님의 축복을 보게 됩니다.

주의 명령을 따르면

1. 민족 위에 뛰어납니다.

1절 "…너를 세계 모든 민족 위에 뛰어나게 하실 것이라"

"민족위에 뛰어나게" 하실 것임은 개인의 복 보다는 공동체의 복을 강조합니다. 동시에 개인의 복이 공동체의 복과 불가분 관계가 있음을 분명히 있음을 보여줍니다.

아담이 범죄로 죄가 온 세상에 들어 왔듯이 제 2의 아담 되신 주님을 통하여 모든 사람이 구원을 얻게 되었습니다.

한 가족의 가장이 하나님 앞에 바로 서서 경건한 생활하면 가정과 자녀, 산업이 복을 얻게 됩니다. 반면 한 가족의 가정이 불경건생활을 한다면 불행이 따릅니다.

2. 모든 복이 임합니다.

2절 "…이 모든 복이 네게 임하며 네게 이르리니"

구약성경에 나타난 복을 고찰하면 첫째로 물질적, 현

세적인 복이며 둘째로 영적이고 내세적인 차원의 복입니다. 전자는 부차적이며 일시적인 복입니다. 후자는 근원적이며 영원한 복입니다.

계시가 발전되지않던 구약시대는 복의 개념이 물질적이고 외형적인 면을 강조했지만 진정 근본적인 복은 하나님을 자신의 하나님으로 삼는 영적이고 내세적인 복이 되어야 할 것입니다.

따라서 오늘날 개인의 장수, 부귀영화, 명예, 형통이 복의 전부인양 착각하고 기준만 삼는다면 기복신앙으로 지향되어야 합니다. 왜냐하면 옛선지자들, 사도들은 물질적으로는 심히 궁핍하고 고난이 컸었으나 하나님 앞에서 영적으로 깊은 생활을 했습니다.

잠 29:25에서 "사람을 두려워하면 올무에 걸리게 되거니와 여호와를 의지하는 자는 안전하리라"고 합니다.

시 3:6-8 "천만인이 나를 에워싸 진 친다 하여도 나는 두려워하지 아니하리이다 여호와여 일어나소서 나의 하나님이여 나를 구원하소서 주께서 나의 모든 원수의 뺨을 치시며 악인의 이를 꺾으셨나이다 구원은 여호와께 있사오니…"

3. 적군을 막아주십니다.

7절 "…적군들을 네 앞에서 패하게 하시리라 그들이 한 길로 너를 치러 들어왔으나 네 앞에서 일곱 길로 도망하리라"

히브리인들에게 있어 "7"이란 숫자는 "완전을 뜻하는 상징 수입니다.

위 구절은 대적들이 완전히 패배하여 산산히 흩어지리라는 뜻이 되어입니다. 실제 인생은 불같은 시험이 많습니다.

더욱이 사람으로 말미암아 오는 시련은 견디기 어려운 일입니다. 의지하고 바랄 이는 주님 이십니다. 세월 지나 갈수록 의지하고 바랄 이는 주님 뿐입니다.

하나님의 은혜

(신 29:1-9)

　본장은 신명기 1장부터 28장까지 요약하는 내용으로 3번째 모세의 설교입니다.

　일명 모압 평지의 언약이라 불리우는 것으로 과거 구세대가 시내 반도 호렙산 기슭에서 언약의 갱신을 뜻합니다.

　그러나, 결코 언약의 내용이 새롭게 바뀐 것을 의미하지 않습니다. 지난날 호렙산 언약을 재확인하여 모세는 신세대에게 호렙산 언약을 새롭게 갱신하여 설교하는 것입니다.

　즉, 하나님은 이스라엘 백성으로 삼으시고 이스라엘은 하나님을 영원하신 여호와로 섬기며 순종하며 살 것을 강조하며 그리하면 하나님께서 은혜와 복으로 보상하겠다는 언약입니다.

지난날 하나님의 은혜는

1. 애굽에서 건지신 은혜입니다.

3절 "큰 시험과 이적과 큰 기사를 네 눈으로 보았느니라"

사실 430년 종살이하던 히브리사람들은 이미 애굽에 동화되고 노예생활이 체질화된 것입니다. 그들은 스스로 애굽에서 나올 수 없고 꿈도 미래도 없었습니다.

오직 하나님의 크신 능력과 권세로 바로를 무기력하게 무릎 꿇게 하시어 모세로 통하여 그곳에서 나오게 하신 것입니다.

여기에 모세의 설교를 듣는 회중은 출애굽 당시 20세 미만이었거나 혹은 출애굽 후에 태어난 자들로서 이제는 모두가 20세이상 된 자들이 된 것입니다. 그들에게 우리가 이제까지 있게 된 것은 오직 하나님의 전능하신 능력이기 때문임을 강조하고 있습니다.

2. 광야를 지내게 하신 은혜입니다.

5절 "주께서 사십 년 동안 너희를 광야에서 인도하셨거니와…"

광야는 농사짓거나 초목을 재배하거나 곡식을 파종하기가 어려운 불모자입니다. 이 극한 환경속에 하루하루 지내는 것은 고통입니다.

그러나 모세는 광야에서 옷이 낡아지지 않았고 신이 헤어지지 아니했다고 회상케 합니다.

더욱이 광야생활에서 농경생활, 농장생활을 한곳에 머물러 정착할 수 없었으나 그들에게 떡과 포도주대신 하늘에서 내리는 만나와 반석에서 솟아나는 생수를 마시어 먹게 하심입니다(출 16:35, 17:1-5).

3. 대적을 물리쳐 주신 은혜입니다.

7절 "너희가 이 곳에 올 때에 헤스본 왕 시혼과 바산 왕 옥이 우리와 싸우러 나왔으므로 우리가 그들을 치고"

곧, 아모리족속의 두 왕국을 크게 격파함은 하나님이 함께 해주심의 은혜인 것입니다.

이스라엘 백성이 광야 여정의에서 에돔족속은 이스라엘 행군을 가로막고 방해 하였습니다(민 20:18-21).

모세는 에돔과 모압으로 통하는 대로를 이용하여 줄 것을 에돔왕에게 요청했지만 거절 당했으나 오히려 에돔왕은 병력을 이끌고 나와서 길을 막고 무력행사를 했습니다.

모세는 그곳을 떠나 먼길로 행군하여 모압땅에 이르렀을 때 아모리 두 왕이 무력으로 대항했으나 하나님이 이기게 하심으로 오히려 그 땅을 점령하였고 르우벤, 갓, 므낫세 반 지파가 차지한 기업이 되었다고 모세는 설명합니다.

생명의 길

(신 30:15-20)

모압평지의 3편 설교중 본문은 결론편입니다. 모세는 지난날, 도우신 하나님의 은혜를 회상시키며 장래에 약속의 땅에 들어가 어떻게 하나님을 섬겨야 할 지침을 말해 줍니다.

모세의 고별설교 3편중 그것도 결론편의 설교이므로 의미심장한 설교인 것입니다. 동족들을 사랑하며 헌신한 모세입니다.

모세의 설교는?

1. 하나님 섬기면 번성하리라 입니다.

16절 "그리하면 네가 생존하며 번성할 것이요…"
즉, 한마음으로 신앙입니다.

신명기서의 총 주제는 신 6:5 "너는 마음을 다하고 뜻을 다하고 힘을 다하여 네 하나님 여호와를 사랑하라" 입니다. 곧, 구약 성경에서도 복은 하나님 사랑입니다.

2. 유혹받지 말것입니다.

17절 "유혹을 받아 다른 신들에게 절하고 그를 섬기면"

가나안 원주민들 신은 무엇입니까?

바알신, "주인" "남편"의 신이며 비와 폭풍을 주관하며 풍요, 다산, 전쟁을 이기게 하는 최고신, 아스다롯은 배우자 여신, 여사제 성적 타락 의식이 있습니다.

요단 동편 싯딤에서 바알브올 사건이었습니다(민 25:3).

3. 오직 하나님만 의지하라입니다.

20절 "또 그를 의지하라 그는 네 생명이시요 네 장수이시니…"

사람을 의지하면 "올무"에 걸리게 됩니다.

그러나 여호와를 의지하면 안전합니다(잠 29:25). 세월 지나갈수록 의지할 이는 주님입니다. 사 2:22 "너희는 인생을 의지하지 말라 그의 호흡은 코에 있나니…"라 합니다.

요단 앞에서

(신 31:1-8)

이스라엘 회중이 요단앞에 이릅니다.

이때, 모세는 후계자 여호수아에게 요단 건너 땅에 들어가 그땅을 점령하여야 사명을 부여하는 것입니다.

곧, 여호수아는 모세의 지도권을 승계하고 모세가 애굽에서 나와 광야길을 이스라엘 회중을 이끌어온 것처럼 여호수아도 그 백성을 가나안으로 인도해야 하는 막중한 사명입니다.

이때에 여호수아에게

1. 원주민을 좇아내야함 입니다.

4절 "여호와께서 이미 멸하신 아모리 왕 시혼과 옥과…" 같이 그들에게도 행할 것이라"

시혼과 옥은 누구인가? 모세는 가데스바네아에 이르러 거기서 헤브론에 이르렀을 사건을 회상합니다. 광야 길을 막던 아모리왕 시혼과 옥을 격파시켰던 것도 하나님입니다(민 21:35).

2. 두려워말라 입니다.

6절 "너희는 강하고 담대하라 두려워하지 말라"

모세는 3번이나 이 용기를 여호수아에게 말합니다.

가나안정복을 하나님이 하시는 싸움이며 지도자에게는 믿음의 대장부와 같은 담력이 있어야만 합니다.

사실 성도의 영적 싸움은 인간의 연약함에 승부가 있지 아니하고 살아계신 하나님의 능력을 통해서만 나타납니다.

3. 늘 함께하심입니다.

8절 "여호와 그가 네 앞에서 가시며 너와 함께 하사 너를 떠나지 아니하시며 버리지 아니하시리니…"

이러한 신앙은 모든 택한 종들에게 어느 시대에든지 동일하게 주시는 하나님의 말씀입니다. 영적 지도자는 고독하고 늘 혼자만입니다.

아무것도 볼 수 없고 말할 수 없는 절박한 때가 있습니다. 그러나, 영적 지도자는 절대 혼자가 아닙니다. 전능하신 아버지가 늘 계십니다.

지키시고 보호하십니다. 버리지 않습니다.

모세의 노래

(신 32:1-10)

모세는 38여년 광야에서 이끌어주신 하나님을 찬양
합니다.

모압평지에서 모세는 백성들에게 하나님의 위대하심
을 회상케 합니다. 언제나 늘 이 백성을 사랑하심과 지
키심은 살아 역사하시는 전능하신 하나님의 역사였다는
것입니다.

이방 나라의 우상과 거짓 신의 허구성을 알리며 하나
님의 전능하신 능력을 나타냅니다.

모세의 노래는

1. 말씀의 은총입니다.

2절 "내 교훈은 비처럼 내리고 내 말은 이슬처럼 맺히나니…"

이 비유는 비와 이슬이 농부에게 풍성한 수확을 가져다주듯 같은 하나님의 풍성한 은혜를 가져다줌을 의미합니다. 말씀입니다.

곧, 애굽에서부터 나오게 하신 출애굽사건이나 광야의 여정을 지내게 하심과 약속된 젖과 꿀이 흐르는 땅을 허락하심은 언제나 하나님의 말씀 하셨던 구속의 성취였습니다.

큰 은총입니다.

2. 보호자 이심입니다.

6절 "…그는 네 아버지시요 너를 지으신 이가 아니시냐…

모세는 어리석음을 질타합니다. "여호와께 이같이 보

답하느냐" 백성은 광야길 여정에서 늘 불평했고 당을 지어서 반역을 했습니다.

그럼에도 불구하고 하나님은 그들의 부모가 되어서 배은망덕한 이들을 버리지 아니함인 것입니다.

사실 자녀로서 자격이 없었고 흥이 있고 비뚤어진 자였지만 보호자 되심은 크나큰 사랑입니다.

3. 지키심입니다.

10절 "…광야에서 만나시고 호위하시며 보호하시며 자기의 눈동자 같이 지키셨도다"

독수리가 새끼를 훈련시키나 보호합니다. 이러한 모습에 하나님께서 그의 자녀들을 연단시키는 모습을 연상시킵니다.

광야의 길은 연단과정입니다. 애굽에서 생활을 탈피시키기 위한 선하심입니다.

자녀로서 신분에 걸맞는 자로 변화시키기 위해 훈련하게 하나 끝까지 지키심입니다.

우리도 우리 하나님을 사랑해야만 합니다. 말씀을 따라 삽시다.

그래야 내 길이 형통합니다. 주의 인도하심, 보호하심이 있습니다.

시 31:23 "너희 모든 성도들아 여호와를 사랑하라…"

내 평생 도우십니다.

시 54:4 "하나님은 나를 돕는 이시며 주께서는 내 생명을 붙들어 주시는 이시니이다"

모세의 축복

(신 33:1-5)

모세는 자신의 임종을 예감합니다.

그래서, 12지파를 축복하게 됩니다.

이는 야곱이 임종 전 12지파 아들들에게 축복하는 것과 같습니다(창 49:1)

우리 성도들도 내인생 마지막때 2가지 기도를 합니다. 하나님앞에서 내 인생 결산과 후손들을 위한 축복입니다(민 6:21-25).

모세의 축복은

1. 일만 성도 중에 강림하신 하나님의 통치입니다.

2절 "…일만 성도 가운데에 강림하셨고…"
무슨 뜻입니까?
하나님의 통치아래 있는 이스라엘을 지칭합니다.
이는 시내산에서 하나님과 언약을 맺는 이스라엘 백성에게 율법을 주심은 영광스럽고 장엄한 빛이 어찌나 큰지 세일산, 바란까지 퍼짐입니다.

2. 말씀 받는 일입니다.

3절 "…모든 성도가… 주의 발 아래에 앉아서 주의 말씀을 받는도다"
마치 마르다의 집에 주님이 머무실 때에 언니 마르다는 동생 마리아를 향하여 불평했습니다(눅 10:39-40). 왜냐하면 마리아는 주님을 대접하기 위해 분주해 음식 준비 하고 있는데 마리아는 주님 말씀을 듣고 있었기 때문입니다.

그러나, 주님은 마르다에게 더 좋은 편을 택하였다고
말해 주었습니다.

3. 야곱의 총회입니다.

4절 "곧 야곱의 총회의 기업이로다"
거룩한 공회를 뜻합니다.
야곱과 그의 12자녀는 교회의 모형입니다. 메시야가
예언되었고 성취된 것입니다. 언약의 보존과 계승입니
다.

모세의 죽음

(신 34:1-7)

    인생은 누구든지 생을 마감합니다. 모세도 느보산에 올라가 건너편 가나안땅을 바라보고 그곳에 입성치 못하고 죽게 됩니다.

    그러나 모세의 생애는 모든 성도들의 모범이 되는 믿음의 생애 입니다.

    그는 시대적 선지자의 사명을 수행한 선지자였으며 하나님이 택한 백성들을 광야길을 인도해 나아간 헌신인 지도자였으며 약속의 땅을 소망케 했습니다.

    모세의 죽음은

1. 가나안땅을 눈으로만 보았습니다.

4절 "…내가 네 눈으로 보게 하였거니와 너는 그리로 건너가지 못하리라 하시매"

무슨 뜻인가요?

모세야말로 민족을 출애굽시킨 영웅이며 마땅히 가나안에 입성할 자격이 있는 사람이었습니다. 그럼에도 영원한 하나님나라를 상징하는 가나안에는 인간의 공로와 선행으로 가는 것이 아니라 하나님 은혜와 사랑으로 되는 것을 보여줍니다.

2. 모압땅에서 죽습니다.

5절 "…모압 땅에서 죽어"

인생은 나그네의 길을 걷습니다. 곧, 본향을 바라보며 걷다가 이방 땅에서 죽는 것이라는 것입니다.

그렇습니다. 모세가 이방 땅에서 죽었다는 것은 오늘을 살아가는 모든 성도들의 삶의 여정을 뜻하고 있다는 것입니다.

성도의 소망은 무엇입니까?

잠시 머물다 떠나는 이땅에 생활중 소망은 하늘에 있다는 것입니다.

3. 묻힌 곳을 모릅니다.

6절 "…오늘까지 그의 묻힌 곳을 아는 자가 없느니라"

물론 모세는 죽었습니다. 그러나 묻힌 곳은 모른다 합니다.곧, 모세의 무덤을 모르는 것이라는 것을 주님도 빈 무덤과를 상기시킵니다.

곧, 성도의 죽음은 죽은 것이 아닙니다. 히 11:4에서도 입증합니다. "아벨은 죽었으나… 지금도 말하느니라" 곧, 성도의 궁극적 믿음은 부활입니다.